AF404873

HAUTE-COUR DE JUSTICE.

PROCÈS-VERBAL

DE LA

FORMATION DU TABLEAU

DU HAUT-JURY.

Du 29 Brumaire de l'an V

LE vingt-neuf Brumaire de l'an V de la République française, une et indivisible, présens les citoyens YVES-NICOLAS MARIE GANDON, CHARLES PAJON, JOSEPH COFFINHAL, ETIENNE-VINCENT MOREAU et BRUNO-PHILIBERT AUDIER-MASSILLON, tous Juges composans la Haute-Cour de Justice, et le cit. JEAN-BAPTISTE JALBERT Greffier; il a été procédé en séance publique, et dans la forme suivante, à la composition du Haut-jury nécessaire pour prononcer sur l'accusation portée contre *Jean-Baptiste Drouet*, Membre du Corps Législatif, Gracchus Babeuf et autres co-accusés.

Le Président a présenté aux Accusateurs Nationaux la Liste générale des Hauts Jurés qui comprenait originairement le nom des quatre-vingt-sept Hauts Jurés, et qui par le jugement du vingt-sept de ce mois, a été réduite à soixante-

quatorze; douze des Hauts-jurés qui y étaient
inscrits en ayant été distrai , en vertu d'ex-
cuses admises, et le nom d'un troisième en ayant
été rayé, attendu qu'il est décédé :

Cette Liste générale était composée ainsi qu'il
suit :

Citoyens,	Départemens.
Bergier cadet.	*Ain.*
Bonjot	*Aisne.*
Soret	*Allier.*
Marchen fils . . .	*Alpes (Hautes.)*
Morin, Claude-Marie .	*Alpes-Maritimes.*
Pillas	*Ardennes (les)*
Durand, Jean-Jacques .	*Arriège.*
Vouillemont, Jean-Baptiste	*Aube.*
Boreldat père . . .	*Aude.*
Lostal	*Aveyron.*
Capus, Joseph . . .	*Bouches-du-Rhône.*
Malheust	*Calvados.*
Daude, Jean . . .	*Cantal.*
Nerac, Jean-Baptiste .	*Charente inférieure*
Augier	*Cher.*
Labouroux.	*Corrèze.*
Benoist, Pierre . . .	*Côte d'or.*
Bameulle Chabossais, René- Jean-Marie . . .	*Côtes-du-Nord.*

Marien Leclerc	Creuse.
Verneuil	Dordogne.
Renaud	Doubs.
Rivière Lamure	Drôme.
Leprévost	Eure.
Caquet	Eure et Loir.
Miorec Knadet	Finistère.
Capella aîné.	Garonne, Haute.
Duffau, Jean.	Gers.
Lavie	Gironde.
Rey Pailhade	Hérault.
Jourdin, Yves	Ille et Villaine,
Crublier d'Obterre	Indre.
Dupuy	Indre et Loire.
Dulau du Barrat	Landes.
Gautry, Pierre-Louis	Loir et Cher.
Gayardon Grezolles	Loire.
Fournier fils	Loire, Haute.
Kvegan, Daniel	Loire inférieure.
Cœur	Loiret.
Capuan Amandieu	Lot.
Bourg Laprade	Lot et Garonne.
Randon, Élie-Hercule	Lozère.
Desmazières	Marne et Loire.
Hiver-la Bruchonnerie	Manche.
De la Fourniere	Marne.

Henrion . . . . . Marne, Haute..
Cheminans . . . . Mayenne.
Tocquot de paroches, Charles-
    Nicolas . . . . . Meuse.
Curial . . . . . . Montblanc.
Pajot, Pierre-Marie . . Mont terrible.
Lechainge . . . . . Morbihan.
Sauvage, Jean-Louis . Moselle.
Aladame . . . . . Nièvre.
Lachaise . . . . . Oise.
Lecomte du Authieux,
    Michel . . . . Orne.
Delepouve . . . . Pas de Calais.
Bianzat . . . . . Puy de Dôme.
Vignalet . . . . . Pyrennées, basses
Riviere de Sariac . . . Pyrennéee, hautes
Moynier . . . . . Pyrennées orientales
Luchiron, Joseph . . Rhône.
Clerget, François Xavier. Saône, haute.
Debrauges, Louis-Gabriel
    Philibert . . . . Saône et Loire.
Dubois, Michel-Cazimir . Sarthe.
Agier, Pierre-Jean . . Seine.
Lacore . . . . . . Seine inférieure..
Maulde, Emmanuel-Gabriel Seine et Marne.
Lacuetelle aîné . . . Seine et Oise.

(5)

Babinet, Jérémie . .	*Sevres*, *les deux*
Hulin	*Somme.*
Vialas, Felix	*Tarn.*
Baudin, Joseph . . .	*Var.*
Raison, François-Marie .	*Vendée.*
Queyroulet aîné . . .	*Vienne, haute*
Devercy	*Yonne.*

Le nom de chacun de ces soixante-quatorze Hauts-Jurés a été inscrit par le Greffier, sur pareil nombre de Bulletins séparés, ces Bulletins de format uniforme ont été donnés par le Greffier au Président; celuici a prononcé à haute-voix le nom inscrit sur chacun, et les a remis au Greffier qui les prenant l'un après l'autre, a répété le nom inscrit sur chacun d'eux, les a tous pliés de la même manière, et les a déposés dans une urne placée sur son bureau, et à la vue de l'auditoire.

L'urne a été agitée à diverses reprises et en différens sens, par le Cit. *Carrouget*, l'un des huissiers de la Haute-Cour, le Président a annoncé qu'il allait être procédé au tirage que les seize premiers Bulletins tirés donneraient les noms des seize Hauts-Jurés; les quatre qui seraient tirés ensuite, les noms des quatre Adjoints : et les quatre qui le seraient en dernier lieu, ceux des quatre Hauts-Jurés Suppléans.

Alors à la vue et en présence de l'Auditoire, le Cit. *Julien*, Commis-Greffier, a retiré de l'urne, et l'un après l'autre, seize Bulletins pour la désignation des seize Hauts-Jurés, et les a

successivement remis au Président qui en a
fait lecture à haute-voix.

Le premier Bulletin retiré de l'urne, portait
le nom du Cit. *René Jean-Marie-Lumeulle
Chabossais*, élu Haut-Juré par le Département
des Côtes-du-Nord.

Le second, celui du Cit. *Félix Vialas*,
élu haut-juré par le Département du Tarn.

Le troisième, celui du Cit. *Rey Pailhade*,
élu haut-juré par le Département de l'Hérault.

Le quatrième, celui du Cit. *Lacorne*, élu
haut-juré par le Département de la Seine-
Inférieure.

Le cinquième, celui du Cit. *Maheust*, élu
haut-juré par le Département du Calvados.

Le sixième, celui du Cit. *Jean-Jacques
Durand*, élu haut-juré par le Département de
l'Arriège.

Le septième, celui du Cit. *Queyroulet*,
ainé, élu haut-juré par le Département de la
Haute-Vienne.

Le huitième, celui du Cit. *Sauret*, élu
haut-juré par le Département de l'Allier.

Le neuvième, celui du Cit. *Lavie*, élu haut-
juré par le Département de la Gironde.

Le dixième, celui du Cit. *Gayardon-Gresolles*,
élu haut-juré par le Département de la Loire.

Le onzième, celui du Cit. *Fonruier*, fils, élu par le Département de la Haute-Loire.

Le douzième, celui du Cit. *Crublier d'Obterre* élu haut-juré par le Département de l'Indre.

Le treizième, celui du Cit. *Marien Leclerc*, élu haut juré par le Département de la Creuse.

Le quatorzième, celui du Cit. *Daniel Kvegan*, élu haut-juré par le Département de la Loire inférieure.

Le quinzième, celui du Cit. *Cœur*, élu haut-juré, par le Département du Loiret.

Et le seizième, celui du Cit. *Caquet*, élu haut-juré par le Département d'Eure et Loir.

Le même Commis-Greffier a ensuite retiré successivement de l'urne, quatre Bulletins pour la désignation des quatre Adjoints, et les a également remis au président qui en a fait lecture à haute-voix.

Le premier Bulletin portait le nom du Citoyen Verneuil, élu haut-juré par le Département de la Dordogne.

Le second, celui du Cit. *Hulin de Flixecourt*, élu haut-juré par le Département de la Somme.

Le troisième celui du citoyen *Pierre Benoist* élu haut-juré par le Département de la Côte d'or.

Et le quatrième celui du citoyen *Capuan Amadieu*, élu haut-juré par le Département du Lot.

Enfin le même Commis-greffier a successivement tiré de l'urne quatre autres bulletins pour la désignation de quatre hauts-jurés suppléans, et les a également remis au Président qui en a fait lecture à haute voix.

Le premier bulletin portait le nom du citoyen *Bergier* cadet, élu haut-juré par le Départ. ment de l'Ain.

Le second, celui du citoyen *Boreldat*, père, élu haut-juré par le Département de l'Aude.

Le troisième, celui du citoyen Leclainge, élu haut-juré par le Département du Morbihan.

Et le quatrième, celui du citoyen *Jean-Baptiste Vouillemont*, élu haut-juré par le Département de l'Aube.

Les Bulletins restés dans l'urne, ont ensuite été comptés par le greffier, et trouvés au nombre de cinquante, qui avec les vingt-quatre précédemment retirés, fait le nombre total de soixante-quatorze originairement déposés dans l'urne.

Cette opération terminée, la Haute-Cour de Justice, par l'organe de son Président, a déclaré que le tableau des seize hauts-jurés, des quatre adjoints et des quatre hauts-jurés suppléans, était composé ainsi qu'il suit :

HAUTS-JURES

Citoyens.	Départemens
1. René - Jean - Marie Bameulle Chabossais .	Côtes-du-Nord.
2. Felix Vialas . . .	Tarn.
3. Rey Pailhade . .	Hérault.
4. Lacorne	Seine inférieure.
5. Maheust. . . .	Calvados.
6. Jean-Jacques Durand	Arriège.
7. Queyroulet aîné .	haute Vienne.
8. Soret	Allier.
9. Lavie	Gironde.
10. Gayardon Grezolles .	Loire.
11. Fournier fils . .	Loire, Haute.
12. Crublierd'Obterre	Indre.
13. Marien Leclerc . .	Creuse.
14. Daniel Kvegan. .	Loire inférieure.
15. Cœur	Loiret.
16. Caquet	Eure et Loir.

HAUTS-JURES ADJOINTS

1. Verneuil . . .	Dordogne.
2. Hulin de Flixecourt .	Somme.
3. Pierre Benoist. .	Côte d'or.
4. Capuan Amadieu .	Lot.

HAUTS-JURES SUPPLEANS.

1. Bergier cadet. . . . *Ain.*
2. Boreldat père . . . *Aude.*
3. Leclinge . . . . *Morbihan.*
4. Jean-Baptiste Vouillemont *Aube.*

La Haute-cour a ordonné conformément à l'article X de la loi du 20 thermidor de l'an IV, que le tableau ci-dessus serait présenté aux accusés détenus, afin qu'ils ayent à exercer, si bon leur semble, les récusations autorisées par la même loi..

De tout ce que dessus la Haute-cour de justice a dressé le présent acte qui a été signé par les Juges et par le Greffier.

Signé GANDON *Président*, COFFINHAL, AUDIER-MASSILLON, PAJON *et* MOREAU *Juges*, et J. B. JALBERT *Greffier.*

Le deux Frimaire de l'an cinquième de la République Française Une et Indivisible à huit heures du matin, Haute-cour de justice réunie en séance publiq assistée de Jean-Baptiste JALBERT *Greffier.*

Vu l'acte contenant récusation de douze Hauts-jurés, deux adjoints et trois suppléans sur la liste formée dans la séance du vingt-neuf Brumaire dernier, ledit acte adressé au Président de la Haute-cour de justice le jour d'hier et

signé M. Roy, Buonarotti, Crespin, Philip.
Amar, Laignelot, Lamberté, G. Nayez,
J. M. Duplay, Clercx, Goulart, P. Potto-
feux, Massard, Thierry, Mugnier, Ricord
M. Duplay, Cordas, Dufour, Vadier, Pillé
Taffoureau, Breton, Doudin, Vergne, Fossard
Drouin, Femme Breton Lambert Sophie La-
pierre pour la veuve Monnard Drouin pour
la cit. Martin, Ficquet Fion, Rayebois, Morel.

Après avoir entendu *Ballyer* défenseur officieux des accusés, lequel a déclaré parler pour
douze d'entre eux et *Viellart* pour les Accusateurs Nationaux.

Considérant que la loi, dans le cas où il y a
plusieurs accusés exige qu'ils se concertent pour
les récusations.

Qu'à défaut de se concerter, le sort règle
entre eux le rang dans lequel doivent se faire
les récusations.

Que telles sont les dispositions des articles
douze et vingt-sept de la loi du 20 Thermidor an
quatre et de l'article cinq cent huit du code des
délits et des peines.

Que dans l'acte de récusation arrêté le jour
d'hier et adressé au Président de la Haute - cour
de justice, on trouve seulement la souscription
de trente-cinq des quarante-six des accusés détenus
d'où il résulte qu'il n'est pas l'effet d'un concert,
entre tous les accusés présents, en sorte que si

ce concert ne s'établit pas, il ne reste aux accusés présents que la voie du sort.

Déclare nul l'acte de récusation en date du jour d'hier souscrit par lesdits trente-cinq accusés sauf tant à eux qu'aux co-accusés non signataires à profiter de ce qui leur reste de délai déterminé par l'article dix de la loi dudit jour vingt Thermidor pour faire les récusations dont la faculté leur est accordée par l'article onze et ce dans l'une des deux formes prescrites par la loi: *Signé*, GANDON *Président*, MOREAU, COFFINHAL, AUDIER - MASSILLON, *et* PAJON *Juges* et J. B. JALBERT *Greffier*.

— — —

Et ledit jour, deux frimaire de l'an cinquième de la République française, une et indivisible, à dix heures du matin, les Juges composants la Haute - cour de Justice réunis en séance publique, vu l'acte en date de ce jour, signé *Ch. Germain, Blondeau, Moroy, G. Babeuf, Cochet, Toulotte, Marie-Sophie Lapierre, Marie-Adélaide Lambert, Darthé et Cazin,* dans lequel les signataires déclarent que, conséquens dans leurs principes qui les empêchent de reconnaître la compétence de la Haute-cour, ils n'ont point dû participer aux récusations des Jurés exercées par leurs co-accusés, et qu'ils renoncent à y participer.

Vu pareillement la pétition de ce même jour, signée *Philip, Rarebois, Vergne, Ricord, Tasjoureau, Crespin, Amar, Massard, Dusour, Lamberté, Nayez, Vadier, Goulard, Boudin, Sophie Lapierre* pour la veuve *Monnard, Fossard, Buonarotty, Laignelot, Ficquet, Pottoseux, Breton, femme Breton, Maurice Roy, Morel, Didier, Clerx, Magnier, Fion, J. M. Duplay, Pillé, M. Duplay,* par laquelle pétition les signataires exposent qu'il est impossible que les quarante-six accusés détenus se concertent pour les récusations, attendu que quelques uns d'eux ne veulent prendre aucune part aux actes de la procédure, persistant dans leur refus de reconnaître la Haute-cour, et par laquelle lesdits signataires demandent que la Haute-cour les fasse jouir du droit de récusation que la Loi leur accorde, et dans les formes prescrites par les articles XII et XXVII de la Loi du vingt thermidor, an quatre et l'article DVIII du code des délits et des peines.

Ouï Ballyer, défenseur officieux de plusieurs des détenus, et les Accusateurs Nationaux par l'organe du citoyen Bailly, l'un d'eux.

Considérant qu'il résulte de l'acte et de la pétition remis à la Haute-cour, qu'il est impossible que les accusés détenus se concertent, soit pour récuser, soit pour tirer au sort entre eux le rang dans lequel se feront les récusations.

Que le refus de ceux qui ne veulent prendre aucune part à l'opération des récusations ; ne doit pas préjudicier à ceux qui veulent profiter de celles que la Loi autorise ; qu'l est juste de faire jouir ces derniers du mode de récusation par la voie du sort jusqu'à concurrence du nombre déterminé.

Que le procédé pour parvenir à ce mode, ne peut s'établir qu'en vertu d'un Jugement de la Haute-cour, puisque quelques uns des détenus ne veulent pas se prêter librement au tirage.

La Haute-cour ordonne que quarante-six numéros seront, sur-le-champ. déposés dans une urne, en présence du public et de Ballyer, défenseur officieux, que les accusés seront successivement amenés, et qu'il sera, par chacun de ceux qui y consentiront ou par l huissier de service, pour ceux qui refuseront, tiré un numéro, que la liste de tous les détenus, faite dans l'ordre des numéros qui leur seront échus, ils seront de nouveau successivement rappelés, jusqu'à ce que trente récusations ayent été proposées, ou que tous les détenus ayent déclaré ne vouloir pas récuser.

Ordonne, de plus, que le présent Jugement sera, sur-le-champ, lu sur la minute par Carouget, huissier de service aux détenus actuellement réunis, et propose à Ballyer, défenseur officieux, d'accompagner ledit Carouget, ce qu'il a fait, et eux de retour les détenus ont été successivement mandés dans l'ordre suivant et il a été procédé ainsi qu'il suit :

Les citoyens *Amar et Vadier* venus, il a été, en leur présence et en celle du public, déposé dans l'urne, quarante-six numéros, depuis le nombre premier, jusqu'à celui de quarante-six, nombre égal à celui des accusés détenus, et ledit vase agité en divers sens, s'est fait le tirage ainsi qu'il suit :

1°. *Amar*, a tiré le N°. premier .   1.
2°. *Vadier*, a tiré le N°. quarante-six 46.
3°. *Laignelot*, le N°. trente-six . . 36.
4°. *Ricord*, le N°. trente-huit. . . . 38.
5°. *Pillé*, le N°. quarante-cinq . . 45.
6°. *Philip*, le N°. onze . . . . . 11.
7°. *Lamberté*, le N°. vingt-huit . . 28.
8°. *Ficquet*, le N°. trente-sept . . 37.
9°. *Dufour*, le N°. trente-quatre . 34.
10°. *Blondeau* a dit qu'il ne reconnoissait pas la compétence de la Haute-cour qu'il avait déjà décliné qu'il ne voulait prendre aucune part aux récusations, et qu'il ne tirerait pas. La Haute-cour a ordonné qu'il serait tiré pour lui par

Carrouget, huissier de service,
   lequel a tiré le numéro dix sept   17.
11°. *Crépin*, a tiré le N°. trente .   30.
12°. *Vergne*, a tiré le N°. vingt-trois   23.
13°. *Tuffoureau*, le N°. quatre . .   4.
14°. *Boudin*, le N°. quarante-un . .   41.
15°. *Goulard*, le N°. vingt-quatre .   24.
16°. *Morel*, le N°. quarante-quatre ·   44.
17°. *Cordas*, le N°. sept . . . . .   7.
18°. *Lambert*, le N°. neuf . . . . .   9.
19°. *Breton*, le N°. dix-neuf . . . .   19.
20°. *Mugnier*, le N°. vingt-sept . .   27.
21°. *Drouin*, le N°. vingt-neuf . .   29.
22°. *Clerx*, le N°. quarante-deux .   42.
23°. *Cochet*, a fait la même déclaration que Blondeau qui a été
appelé le dixième au tirage, et la
Haute-cour a ordonné qu'il serait
tiré pour lui par Carrouget,
huissier de service, lequel a tiré
le N°. quatorze . . . .   14.
24°. *Thierry* a tiré le N°. quarante   40.
25°. *G. Babeuf*, le numéro trois .   3.
26°. *Buonarotti*, le numéro vingt-cinq   25.
27°. *Germain* a fait la même déclaration que Cochet, et la Haute-

cour

cour a ordonné qu'il serait tiré
pour lui par Carrouget, huissier
de service, lequel a tiré le numéro
cinq . . . .   5.

28°. *Darthé* a fait la même déclaration
que Cochet, et la Haute-cour a
ordonné qu'il serait tiré pour lui
par Carrouget, huissier de service
lequel a tiré le numéro trente-cinq   35.

29°. *Didier* a tiré le N°. vingt. . .   20.

30°. *Massard*, le N°. trente-deux .   32.

31°. *Cazin* a fait la même déclaration
que Cochet, et la Haute-cour a
ordonné qu'il serait tiré pour lui
par Carrouget, huissier de service
lequel a tiré le N°. trente-neuf   59.

32°. *Moroy* ayant fait la même déclaration, la Haute-Cour a ordonné
qu'il serait tiré pour lui par Carrouget, huissier de service, lequel a
tiré le N°. huit . . . .   8.

33°. *Maurice Duplay* a tiré le N°.
trente-trois . . . .   33.

34°. *Jacques Maurice Duplay*, le
numéro dix-huit . . . .   18.

35°. *Pottefeux* a tiré le N°. vingt-un   21.

B

36°. *Toulotte* ayant fait la même déclaration que Cochet, la Haute-cour a ordonné qu'il serait tiré pour lui par Carrouget. huissier de service, lequel a tiré le numéro deux . . . . 2.

37. *Maurice Roy* a tiré le numéro seize 16.

38°. *Rayebois* a tiré le numéro quarante-trois . . . . 43.

39°. *Fossard* a tiré le numéro quinze 15.

40°. *Ficn* a tiré le numéro vingt-deux 22.

41°. *Nayès* a tiré le numéro vingt-six 26.

42°. *Ansiot*, femme Breton a tiré le numéro six . . . . . . 6.

43°. *Adbin*, femme Monnard, le numéro douze . . . . . . 12.

44°. *Marie Sophie Lapierre* ayant fait la même déclaration que Cochet, la Haute-cour a ordonné qu'il serait tiré pour elle par Carrouget huissier de service, lequel a tiré le numéro treize . . . . 13.

45°. *Marie Adélaïde Lambert* ayant fait la même déclaration, la Haute-cour a ordonné qu'il serait tiré pour elle par Carrouget, huissier de service , lequel a tiré le N°. dix

46°. Et *Nicole Pognon* femme Martin

a tiré le numéro trente-un . 31.

Le président a ensuite prononcé : la Haute-cour renvoye la continuation de la présente opération à demain , neuf heures du matin et les Juges composans la Haute - cour ont signé avec le Greffier.

Signé GANDON *Président* , AUDIER MASSILLON , PAJON , MOREAU COF FINHAL *Juges* et J. B. JALBERT , *Greffier.*

Et ce jourd'hui trois Frimaire de l'an cinquième de la République , neuf heures du matin procédant en exécution du renvoi du jour d'hier à la réception des déclarations de récuser que pourront donner les accusés détenus dans le rang fixé entre eux par le sort. La Haute-cour après avoir entendu les Accusateurs-Nationaux a fait appeler successivemens les détenus.

Le citoyen *Amar* ayant obtenu le numéro premier , le tableau formé le vingt - neuf Brumaire dernier lui a été présenté et il a déclaré qu'il récusait le citoyen *René - Jean - Marie Bameule Chabossais* haut - juré nommé par le Département des Côtes du Nord ; et a signé.

Signé AMAR.

Le citoyen Toulotte, numéro deux, ayant été mandé, l'Officier de Geudarmerie, *Arméric*, a rapporté que Toulotte a dit être malade et ne pouvait descendre, la Haute-cour a ordonné qu'il serait sur le champ visité par un Officier de Santé attaché à la maison de justice et que néanmoins il serait passé outre de manière toutes fois à lui réserver son droit de récusation s'il veut l'exercer.

Le citoyen *Babeuf*, numéro trois, venu, le tableau du Haut-jury réduit à vingt-trois lui a été présenté et il a déclaré qu'il refusait de participer à la récusation qui lui est proposée et sur la demande qu'il a faite de donner les motifs de son refus, la Haute-cour ordonne qu'il récusera ou refusera sans donner de motifs, a répété ne vouloir récuser et a refusé de signer.

Le citoyen *Taffoureau*, numéro quatre, arrivé, la liste du Haut-Jury réduite à vingt-trois lui ayant été présentée, il a déclaré qu'il n'avait pas de récusation à exercer sur cette liste et a déclaré ne vouloir signer.

Le citoyen *Germain*, numéro cinq, arrivé, la liste du Haut-jury réduite à vingt-trois lui ayant été présentée, il a déclaré qu'il refusait de récuser et a dit ne vouloir signer.

Jeanne *Ansiot* Femme *Breton*, numéro six, arrivée, la liste du Haut-jury réduite à vingt-trois lui ayant été présentée, elle a déclaré qu'elle n'avait aucune récusation à exercer sur cette liste et a signé.

Signé F. Breton.

Le cit. *Toulotte*, numéro deux, qui avait d'abord fait annoncer qu'il était malade, arrivé, et la liste réduite à vingt-trois, lui ayant été présentée, il a déclaré que ne reconnaissant pas la Haute-cour, il n'avait rien à dire, et a refusé de signer.

Le cit. *Cordas*, numéro sept, arrivé, la liste du Haut-Juri, réduite à vingt-trois, lui ayant été présentée, il a déclaré qu'il récusait le cit. Félix VIALAS, haut-Juré, élu par le Département du Tarn, et a signé sa déclaration.

Signé Cordas.

Le cit. *Moroy*, numéro huit, arrivé, la liste du haut-Juri, réduite à vingt-deux, lui ayant été présentée, il a déclaré qu'il ne reconnaissait pas la Haute-cour, qu'il n'avait pas de récusation à faire, et a refusé de signer sa déclaration.

Le cit. *Lambert*, numéro neuf, arrivé, la liste du haut-Juri réduite à vingt deux, lui ayant été présentée, il a déclaré qu'il récusait le cit. Jean-Baptiste VOUILLEMONT, haut-Juré, élu par le Département de l'Aube, et désigné sur la liste, comme quatrième haut-Juré suppléant, et a signé.

Signé Lambert.

Marie-Adélaide Lambert, numéro dix, arrivée, la liste du haut-jury réduite à vingt-un lui ayant été présentée, elle a déclaré que persistant dans ses protestations contre la compétence de la Haute-cour elle ne voulait par récuser et a signé.

Signé *Marie-AdélaideLambert*.

Pierre Philip, numéro, onze arrivé, la liste du haut-jury réduite à vingt-un, lui ayant été présentée, il a déclaré qu'il récusait le Citoyen LACORNE haut-Juré élu par le Département de la Seine-Inférieure et a signé.

Signé *Philip*.

Marie-Louise Adbin Veuve *Monnard*, numéro douze, arrivée, la liste du haut-jury réduite à vingt, lui ayant été présentée, elle a déclaré qu'elle n'avait pas de récusation à faire sur cette liste et a dit ne savoir signer.

Marie-Sophie Lapierre numéro treize arrivée, la liste du haut-jury réduite à vingt lui ayant été présentée, elle a déclaré que persistant dans ses protestations contre la compétence de la Haute-cour elle ne voulait pas récuser et et a signé

Signé *Marie Sophie Lapierre*.

Le citoyen *Cochet*, numéro quatorze, arrivé, la liste du haut-jury réduite à vingt lui ayant été présentée, il a déclaré que persistant dans son refus de reconnaître la compétence de la Haute-cour, il ne voulait pas récuser et a refusé de signer.

Le Citoyen *Fossard*, numéro quinze, arrivé la liste du haut-jury réduite à vingt lui avant été présentée, il a déclaré qu'il récusait le Cit. MAHEUST, haut-Juré élu par le Département du Calvados et a signé.

Signé Fossard.

Maurice Roy, numéro seize, arrivé, la liste haut-Jury réduite à dix-neuf lui ayant-été présentée, il a déclaré qu'il récusait le citoyen *Jean Jacques* DURAND haut-Juré élu par le Département de l'Arriège et a signé.

Signé M. Roy.

Louis Jacques Blondeau, numéro dix sept, arrivé, la liste du haut-Jury réduite à dix huit lui ayant été présentée, il a déclaré que persistant dans son refus de reconnaître la compétence de la Haute cour il n'avait pas de récusation à faire et a signé.

Signé Blondeau.

Jacques Maurice Duplay, numéro dix-huit, arrivé, la liste du haut-Jury réduite à dix-huit lui ayant été présentée, il a déclaré qu'il récusait le Cit. SAURET haut-Juré élu par le Département de l'Allier, et a signé.

Signé J. M. Duplay.

Jean-Baptiste Breton, numéro dix-neuf, arrivé, la liste du haut-Jury, réduite à dix - sept lui ayant été présentée, il a déclaré qu'il récusait le citoyen LAVIE haut-Juré élu par le Département de la Gironde, et a signé.

Signé *Breton*.

Jean-Baptiste Didier, numéro vingt, arrivé, la liste du haut-Jury réduite à seize lui ayant été présentée, il a déclaré qu'il récusait le citoyen GAYARDON GREZOLLES haut-Juré élu par le Département de la Loire et a signé.

Signé *Didier*.

Policarpe Pottofeux, numéro vingt-un, arrivé la liste du haut-Juré réduite à quinze lui ayant été présentée, il a déclaré qu'il récusait le citoyen FOURNIER fils haut-Juré élu par le Département de la Haute-Loire et a signé.

Signé *P. Pottofeux.*

Joseph Fion, numéro vingt-deux, arrivé, la liste du haut-Jury réduite à quatorze lui ayant été présentée, il a déclaré qu'il récusait le Cit. LELAINGE haut-Juré élu par le Département du Morbihan et désigné sur la liste comme troisième haut-Juré suppléant et a signé.

Signé *Fion.*

Pierre-Nicolas-Vergne, numéro vingt-trois,

arrivé

arrivé, la liste du haut-Jury réduite à treize lui ayant été présentée, il a déclaré qu'il récusait le Cit. CRUBLIER d'Obterre, haut-Juré, élu par le Département de l'Indre et a signé.

Signé *Vergne,*

Jean-Baptiste Goulart numéro vingt-quatre arrivé, la liste du haut-Jury réduite à douze, lui ayant été présentée il a déclaré qu'il récusait le Cit. Daniel Kvegan haut-Juré élu par le Département de la Loire-Inférieure et a signé.

Signé *Goulart.*

Philippe Buonarotti, numéro vingt-cinq arrivé, la liste du haut-jury réduite à onze lui ayant été présentée, il a déclaré qu'il récusait le Cit. COEUR haut-Juré élu par le Département du Loiret et a signé.

Signé *Buonarotti*

Grégoire Nayez numéro vingt-six arrivé, la liste du haut-jury réduite à dix lui ayant été présentée, il a déclaré qu'il n'avait aucune récusation à faire sur la présente liste et a signé.

Signé *G. Nayez.*

Jean-Antoine Mugnier numéro vingt-sept arrivé et la liste du haut-jury réduite à dix, lui ayant été présentée, il a déclaré qu'il récusait le Cit. HULIN de Flixecourt, haut-Juré, élu par le Département de la Somme et désigné comme le second des quatre adjoints et a signé.

Signé *Mugnier*.

Theodore Lamberté numéro vingt-huit arrivé, la liste du haut-jury réduite à neuf lui ayant été présentée, il a déclaré qu'il n'avait aucune récusation à faire sur la présente liste, et a signé.

Signé *Lamberté*.

Charles Drouin numéro vingt-neuf arrivé, la liste du haut-jury réduite à neuf lui ayant été présentée, il a déclaré qu'il récusait le Cit. CAPUAN-AMADIEU haut-Juré élu par le Département du Lot et désigné comme quatrième adjoint et a signé.

Signé *Drouin*.

Pierre-Joseph Crespin numéro trente arrivé la liste du haut-jury réduite à huit ayant été présentée il a déclaré qu'il récusait le citoyen BERGIER Cadet, élu haut-Juré par le Département de l'Ain, et désigné sur la liste comme premier Suppléant et a signé.

Signé. *Crespin*.

Nicole-Pognon Femme *Martin* numéro trente un étant arrivée, la liste du haut-jury réduite à sept lui ayant été présentée, elle a déclaré qu'elle n'avait aucune récusation à faire sur la présente liste et a signé.

Signé. *E. Martin*.

Guillaume Gilles Massard numéro trente deux arrivé, la liste du haut jury réduite à sept lui ayant été présentée, il a déclaré qu'il n'avait aucune récusation à faire sur la présente liste et a signé.

Signé. *Massard.*

Maurice Duplay numéro trente trois arrivé, la liste du haut jury réduite à sept lui ayant été prés utée, il a déclaré qu'il n'avait aucune récusation à faire sur la présente liste et a signé.

Signé *Duplay.*

François Dufour numéro trente quatre arrivé la liste du haut jury réduite à sept lui ayant été présentée, il a déclaré qu'il n'avait aucune récusation à faire sur la présente liste et a signé.

Signé *Dufour.*

Augustin Alexandre Darthé numéro trente cinq mandé, l'Officier de Gendarmerie chargé du service, ayant déclaré que Darthé ne voulant pas reconnaître la compétence de la Haute cour refusait de comparaître, la Haute cour, ouïs les Accusateurs Nationaux a ordonné qu'il serait amené, et a autorisé à employer la Force s'il était nécessaire, et ledit Darthé amené, la liste du haut jury réduite à sept lui ayant été présentée, il s'est permis plusieurs propos, qu'il a terminé par déclarer qu'il ne voulait rien dire, sur l'interpellation à lui faite de déclarer s'il voulait récuser et qu'il ne voulait signer.

Joseph Laignelot numéro trente six arrivé, et la liste du haut jury réduite à sept lui ayant été présentée: il a déclaré qu'il n'avait aucune récusation à faire sur la présente liste et a signé.

Signé *Laignelot*.

Antoine Ficquet numéro trente- sept arrivé la liste du haut jury réduite à sept lui ayant été présentée, il a déclaré qu'il n'avait aucune récusation à faire sur la présente liste et a signé.

Signé *Antoine Ficquet*.

Jean François Ricord numéro trente huit, arrivé, la liste du haut jury réduite à sept lui ayant été présentée, il a déclaré qu'il n'avait aucune récusation à faire sur la présente liste et a signé.

Signé *Ricord*.

Jean Baptiste Cazin numéro trente-neuf arrivé, la liste du haut jury réduite à sept lui ayant été présentée, il a déclaré que persistant dans son refus de reconnaître la compétence de la Haute cour, il n'avait aucune récusation à faire et a signé.

Signé *Cazin*.

François Thierry numéro quarante arrivé, la liste du haut jury réduite à sept lui ayant été présentée, il a déclaré qu'il n'avait aucune récusation à exercer sur la présente liste et a signé.

Signé *Thierry*.

François Paul Boudin numéro quarante un arrivé, la liste du haut jury réduite à sept lui ayant été présentée, il a déclaré qu'il n'avait aucune récusation à faire sur la présente liste et a signé.

Signé Boudin.

Lambert Clercx numéro quarante - deux, arrivé, la liste du haut-jury réduite à sept lui ayant été présentée, il a déclaré qu'il n'avait aucune récusation à faire sur la présente liste et a signé.

Signé Clercx

Bon-françois Rayebois numéro quarante-trois arrivé, la liste du haut jury réduite à sept lui ayant été présentée, il a déclaré qu'il n'avait aucune récusation à exercer sur la présente liste et a signé.

Signé Rayebois.

Nicolas Morel numéro quarante -quatre arrivé, et la liste du haut-jury réduite à sept lui ayant été présentée, il a déclaré qu'il n'avait aucune récusation à exercer sur la présente liste et a signé.

Signé Morel.

Charles-Nicolas Pillé numéro quarante cinq arrivé, la liste du haut-jury réduite à sept lui ayant été présentée, il a déclaré qu'il n'avait aucune récusation à faire sur la présente liste et a signé.

Signé Pillé.

Marc-Guillaume-Alexis Vadier, numéro quarante-six et dernier arrivé, la liste du haut-jury réduite à sept lui ayant été présentée, il a déclaré qu'il n'avait aucune récusation à faire sur la présente liste et a signé.

Signé *Vadier.*

La comparution des accusés détenus étant terminée, après avoir ouï les Accusateurs Nationaux par l'organe du citoyen *Viellart* l'un d'eux sur une demande formé par les accusés détenus ayant exercé des récusations ladite demande tendante à ce que les adjoints et Suppléants non récusés remplacent les hauts-Jurés récusés.

Considérant que l'article huit de la loi du vingt Thermidor, an 4e. n'appéle les adjoints et suppléants à remplacer les hauts-jurés que dans le le cas où à l'instant des débats il manque quelqu'un des hauts-Jurés.

La Haute-cour sanss arréter à la demande dont il s'agit, ordonne qu'il sera procédé au tirage de douze hauts-jurés pour remplacer les douze Jurés récusés, au tirage de deux adjoints pour remplacer les deux adjoints récusés, et au tirage de trois suppléants pour remplacer les trois suppléants récusés.

Et à l'instant en présence du public et de Ballyer défenseur officieux de plusieurs des accusés, la Haute-cour a fait déposer dans une

urne sur autant de bulletins séparés et après
les voir vérifiés en présence des Accusateurs
Nationaux, les noms des cinquante haut-Jurés,
auxquels se trouvent réduite, au moyen du
tirage de seize hauts-Jurés, quatre Adjoints et
quatre Suppléants, faite dans la séance du vingt-
neuf Brumaire dernier la liste générale de soixan-
te quatorze hauts Jurés présentée aux accusateurs nationaux dans la même séance.

L'urne a été agitée à diverses reprises
et en différents sens par le citoyen Derouin,
l'un des huissiers de la Haute cour ; le Président
a annoncé qu'il allait être procédé au tirage de
dix sept billets, que les douze premiers donneraient le nom des douze hauts Jurés qui doivent remplacer pareil nombre de hauts Jurés
qui viennent d'être récusés, dans la présente
séance sur le tableau des seize hauts Jurés for-
més dans la séance du vingt neuf Brumaire
dernier, que les deux qui seraient tirés ensuite
remplaceraient les deux adjoints pareillement
recusés sur le tableau des quatre adjoints formé
dans la même séance et enfin que les trois derniers
remplaceraient les trois suppléants également
récusés sur le tableau des quatre suppléants for-
més dans la même séance.

Alors à la vue et en présence de l'auditoire le
Cit. *Julien* Commis Greffier a retiré de l'urne
et l'un après l'autre douze bulletins pour la désignation des douze hauts-Jurés à remplacer et
les a successivement remis au président qui en
a fait lecture à haute voix.

Le premier Bulletin retiré de l'urne portait le nom du citoyen *Yves-Jourdain* haut Juré, élu par le Département d'Isle et Vilaine.

Le second, celui du Cit. Jean *Duffau* haut-Juré, élu par le Département du Gers.

Le troisième, celui du Cit. *Delafournière*, haut-Juré, élu par le département de la Marne.

Le quatrième, celui du Cit. *Curial*, haut-Juré, élu par le Département du Mont-Blanc.

Le cinquième, celui du Cit. Michel *Lecomte duauthieux*, haut-Juré élu par le Département de l'Orne.

Le sixième, celui du Cit. *Leprevost*; haut-Juré, élu par le Département de l'Eure.

Le septième, celui du Cit. *Boujot*, haut-Juré, élu par le Département de l'Aisne.

Le huitième, celui du Cit. Pierre-Louis *Gautry*, haut-Juré, élu par le Département de Loir et Cher.

Le neuvième, celui du Cit. *Lostal*, haut-Juré, élu par le Département de l'Aveyron.

Le dixième, celui du Cit. *Pillas*, haut-Juré, élu par le département des Ardennes.

Le onzième, celui du Cit. François-Marie *Raison*, haut Juré, élu par le département de la Vendée.

Et le douzième celui du citoyen *Daude*, haut-Juré élu par le Département du Cantal.

Le même Commis-Greffier a ensuite retiré de l'urne et successivement deux bulletins pour la désignation des deux hauts-Jurés-Adjoints qui sont à remplacer et les a également remis au Président qui en a fait lecture à haute voix.

Le premier bulletin portait le nom du Cit. *Rivière la narre* haut-Juré, élu par le Département de la Drôme.

Le second, celui du citoyen Michel Cazimir *Dubois*, haut-Juré, élu par le Département de la Sarthe.

Enfin le même Commis-Greffier a successivement retiré de l'urne trois bulletins pour la désignation des trois hauts-Jurés suppléants qui doivent remplacer ceux qui ont été récusés et les a également remis au Président qui en a fait lecture à haute voix.

Le premier bulletin portait le nom du Cit. *Moynier*, haut-Juré, élu par le Département des Pyrennées Orientales.

Le second, celui du Cit. *Devercy*, haut-Juré, élu par le Département de l'Yonne.

Et le troisième celui du Cit. *Bourg-la-prade* haut-Juré, élu par le Département de Lot et Garonne.

Les bulletins réstés dans l'urne ont ensuite été comptés par le Greffier et trouvés au nombre de trente-trois qui avec les dix-sept qui viennent d'être retirés fi le nombre total de cinquante originairement déposés dans l'urne.

Cette opération terminée, la Haute-cour par l'organe de son Président a déclaré que le tableau des douze hauts-Jurés, des deux hauts-Jurés adjoints et des trois hauts-Jurés suppléants sortis par le sort pour remplacer ceux récusés, était composé ainsi qu'il suit :

TABLEAU

de remplacement

DES DOUZE HAUTS-JURÉS.

Citoyens.	Départemens.
Jourdin, Yves	Ille et Villaine,
Duffau, Jean.	Gers.
De la Fourniere	Marne.
Curial	Montblanc.
Lecomte du Authieux,	Orne.
Leprévost	Eure.
Boujot	Aisne.
Gautry,	Loir et Cher.
Lostal	Aveyron.
Pillas	Ardennes (les)
Raison	Vendée.
Daude	Cantal.

DEUX HAUTS-JURES ADJOINTS.

Rivière Lamure . . . *Drôme.*
Dubois . . . . . *Sarthe.*

TROIS HAUTS-JURES SUPPLEANS.

Moynier . . . . . *Pyrennées orientales*
Devercy . . . . . *Yonne.*
Bourg Laprade . . . *Lot et Garonne.*

La Haute-cour a continué la séance à demain, dix heures du matin et les Juges ont signé avec le Greffier.

Signé GANDON *Président*, AUDIER-MASSILLON, PAJON, MOREAU COFFINHAL *Juges* et J. B. JALBERT, *Greffier.*

Et ce jour quatre frimaire de l'an cinquième de la République Française dix heures du matin la Haute-cour de justice procédant en exécution du renvoi du jour d'hier à la réception des récusations à donner par les accusés dans l'ordre que le sort leur a désigné, après avoir entendu les Accusateurs Nationaux a fait successivement appeler les détenus ainsi qu'il suit :

Le Citoyen *Toulotte* qui a obtenu le numéro deux, arrivé, le tableau de remplacement formé dans la séance du jour d'hier lui ayant été présenté , il a déclaré que persistant dans son refus de reconnaître la compétence de la Haute-cour, il n'avait aucune déclaration à faire et a refusé de signer.

Le Cit. *Babeuf*, numéro trois, arrivé, le tableau de remplacement formé dans la séance du jour d'hier, lui ayant été présenté, il a déclaré que persistant dans son refus de reconnaître la Haute-cour, il n'avait aucune déclaration à faire et a refusé de signer.

Le Cit. *Taffoureau*, numéro quatre , arrivé, le tableau de remplacement formé dans la séance du jour d'hier, lui ayant été présenté, il a déclaré qu'il n'avait aucune récusation à exercer et a signé.

Signé Taffoureau,

Le Cit. *Germain*, numéro cinq arrivé, le tableau de remplacement formé le jour d'hier lui ayant été présenté, il a déclaré que persistant dans son refus de reconnaître la Haute-cour, il refusait de récuser et n'a voulu signer.

Le Cit. *Moroy*, numéro huit, arrivé, le tableau de remplacement lui ayant été présenté il a déclaré que persistant dans son refus de reconnaître la Haute-cour, il ne voulait pas récuser et a refusé de signer.

Jeanne Ansiot femme Breton, numéro six, arrivée, le tableau de remplacement lui ayant été présenté , elle a déclaré qu'elle n'avait pas de récusation à faire sur la présente liste et a signé.

Signé F. *Breton.*

Marie-Adélaide Lambert, numéro dix, arrivée, le tableau de remplacement formé dans la séance d'hier , lui ayant été présenté , elle a déclaré que persistant dans son refus de reconnaître la compétence de la Haute-cour, elle n'avait rien à répondre et a refusé de signer.

La citoyenne *Adbin* femme *Monnard*, numéro douze , arrivée, le tableau de remplacement formé dans la séance d'hier lui ayant été présenté , elle a dit qu'elle n'avait pas de récusations à faire et a dit ne savoir signer.

Marie-Sophie Lapierre, numéro treize , arrivée le tableau de remplacement formé dans la séance du jour d'hier , lui ayant été présenté, elle a donné la déclaration écrite et signée d'elle , qui demeurera annexée au présent : (*)

(*) « Si vous ne vous étiez point opposés à ce que l'on
« écrivit ma déclaration , je n'aurois aucun reproche à vous
« faire , mais vous avez profité de mon ignorance pour
« subtiliser ma signature. J'ai déclaré hier que tous vos
« petits moyens ne sauraient m'intimider , que mon ame
« est inaccessible à la crainte, que l'amour de la patrie
« l'emporte dans mon cœur sur tout autre sentiment ; que
« je récuse la Haute-Cour ; et la récuserai éternellement :
« voilà ce que je voulais signer. En conséquence, je pro-

Le Cit. *Blomdeau*, numéro dix-sept arrivé, le tableau de remplacement formé dans la séance du jour d'hier lui ayant été présenté, il a déclaré que persistant dans son refus de reconnaître la Haute-cour, il n'avait pas de récusation à faire et a refusé de signer.

Le Cit. *Nayez* numéro vingt-six arrivé, le tableau de remplacement formé dans la séance d'hier, lui ayant été présenté, il a déclaré qu'il n'avait pas de récusation à exercer sur le présent tableau, et a signé.

Signé *G. Nayez*.

Le Cit. *Cochet*, numéro quatorze, arrivé, le tableau de remplacement formé dans la séance d'hier, lui ayant été présenté, il a déclaré que persistant dans son refus de reconnaître la Haute-cour, il n'avait pas de récusation à faire et a refusé de signer.

Le Cit. *Lamberté* numéro vingt-huit ar-

« teste contre ce que j'ai fait hier, trois frimaire, an cinq.

« Il est bon que les républicains qui sont ici présens, « sachent que la Haute-Cour emploie des subterfuges pour « tromper la bonne foi d'une femme qui ne connaît que « la franchise et la loyauté républicaine.

Signé MARIE-SOPHIE LAPIERRE.

À Vendôme, ce 4 frimaire, an 5 de la République Française, une et indivisible.

rivé, le tableau de remplacement formé le jour d'hier, lui ayant été présenté, il a déclaré qu'il n'avait aucune récusation à faire sur le tableau et a signé.

Signé *Lamberté.*

Nicole-Pognon Femme *Martin* numéro trente-un, arrivée, le tableau de remplacement formé le jour d'hier, lui ayant été présenté, elle a déclaré qu'elle n'avait aucune récusation à faire sur la tableau actuel et a signé.

Signé *Martin.*

Le Cit. *Massard* numéro trente-deux, arrivé, le tableau de remplacement formé le jour d'hier, lui ayant été présenté, il a déclaré qu'il récusait le citoyen DEVERCY, haut-Juré élu par le Département de l'Yonne et a signé.

Signé *Massard.*

Le Cit. *Maurice Duplay*, numéro trente-trois, arrivé, le tableau de remplacement formé le jour d'hier, lui ayant été présenté, il a déclaré qu'il récusait le citoyen DELAFOUR-NIERE, haut-Juré, élu par le Département de la Marne et a signé.

Signé *Duplay.*

Le citoyen *Dufour*, numéro trente-quatre, arrivé, le tableau de remplacement formé le jour d'hier, lui ayant été présenté, il a déclaré qu'il récusait le citoyen BOUJOT, haut-Juré, élu par le Département de l'Aisne et a signé.

Signé Dufour.

Le Cit. *Darthé*, numéro trente-cinq, arrivé, le tableau de remplacement formé dans la séance du jour d'hier, lui ayant été présenté, il a déclaré que persistant dans ses protestations contre la compétence de la Haute-cour, il n'avait rien à dire et a refusé de signer.

Le Cit, *Laignelot*, numéro trente-six, arrivé, le tableau de remplacement formé dans la séance du jour d'hier, lui ayant été présenté, il a déclaré qu'il récusait le citoyen GAUTRY, haut-Juré, élu par le Département de Loir et Cher, et a signé,

Signé Laignelot.

Le Cit. *Ficquet*, numéro trente-sept, arrivé le tableau de remplacement formé dans la séance du jour d'hier, lui ayant été présenté, il a déclaré qu'il n'avait pas de récusation à faire sur la présente liste, et a signé.

Signé Antoine Ficquet.

Le Cit. *Ricord*, numéro trente-huit, arrivé, et le tableau de remplacement formé dans la séance d'hier, lui ayant été présenté, il a déclaré qu'il récusait le citoyen LOSTAL, haut-Juré, élu par le Département de l'Aveyron et a signé.

Signé Ricord.

Le Cit.

Le Cit. *Cazin*, numéro trente-neuf, arrivé, et le tableau de remplacement formé dans la séance d'hier lui ayant été présenté, il a déclaré que persistant dans ses protestations contre la compétence de la Haute-cour, il ne voulait récuser, et a signé.

Signé *Cazin*.

Le Cit. *Thierry*, numéro quarante, arrivé et le tableau de remplacement formé dans la séance du jour d'hier, lui ayant été présenté, il a déclaré qu'il récusait le citoyen PILLAS, haut-Juré, élu par le Département des Ardennes et a signé.

Signé *Thierry*.

Le Cit. *Boudin*, numéro quarante-un, arrivé, et le tableau de remplacement formé dans la séance d'hier, lui ayant été présenté, il a déclaré qu'il n'avait pas de récusation à faire sur la présente liste, et a signé.

Signé *Boudin*.

Le Cit. *Clercx* numéro quarante-deux, arrivé, et le tableau de remplacement formé dans la séance d'hier, lui ayant été présenté, il a déclaré qu'il récusait le citoyen RAISON, haut-Juré, élu par le Département de la Vendée, et a signé.

Signé *Clercx*

Le Cit. *Rayebois*, numéro quarante-trois, arrivé, et le tableau de remplacement formé dans la séance du jour d'hier, lui ayant été présenté, il a déclaré qu'il récusait le citoyen DAUDE, haut-Juré, élu par le Département du Cantal et a signé.

Signé Rayebois.

Le Cit. *Morel* numéro quarante - quatre arrivé, et le tableau de remplacement formé dans la séance d'hier, lui ayant été présenté, il a déclaré qu'il récusait le citoyen JOURDAIN, haut-Juré, élu par le Département d'Isle et Vilaine, et a signé.

Signé Morel.

Le Cit. *Pillé* numéro quarante cinq arrivé, et le tableau formé dans la séance d'hier, lui ayant été présenté, il a déclaré qu'il n'avait aucune récusation à faire sur la présente liste et a signé.

Signé Pillé.

Le Cit. *Vadier*, numéro quarante-six, arrivé le tableau de remplacement formé dans la séance du jour d'hier, lui ayant été présenté, il a déclaré qu'il récusait le citoyen RIVIERE-LA-MAURE, haut-Juré, élu par le Département de la Drôme et a signé.

Signé Vadier.

Le Cit. *Amar*, numéro premier, arrivé, le tableau de remplacement formé dans la séance du jour d'hier, lui ayant été présenté, il a déclaré qu'il n'avait aucune récusation à faire sur la présente liste et a signé.

Signé Amar.

Le Cit. *Cordas*, numéro sept arrivé, le tableau de remplacement lui ayant été présenté, a fait la même déclaration que dessus et a signé.

Signé *Cordas*.

Le Cit. *Lambert*, numéro neuf, arrivé, le tableau de remplacement lui ayant été présenté, a fait la même déclaration et a signé.

Signé *Lambert*.

Pierre Philipp, numéro onze, arrivé, a fait la même déclaration et a signé.

Signé *Philipp*.

Le Cit. *Fossard*, numéro quinze, arrivé, a fait la même déclaration et a signé.

Signé *Fossard*.

Le Cit. *Maurice Roy*, numéro seize, arrivé a fait la même déclaration et a signé.

Signé *Maurice Roy*.

Jacques Maurice Duplay, numéro dix-huit arrivé, a pareillement déclaré n'avoir personne à récuser sur la présente liste et a signé.

Signé *J. M. Duplay*

Le Cit. *Breton*, numéro dix neuf, arrivé, a pareillement déclaré n'avoir personne à récuser sur la présente liste et a signé.

Signé *Breton*

Le Cit. *Didier*, numéro vingt a pareillement déclaré n'avoir personne à récuser sur la présente liste et a signé.

Signé *Didier*.

Le Cit. *Pottofeux*, numéro vingt-un, a pareillement déclaré n'avoir personne à récuser sur la présente liste et a signé.

Signé *P. Pottofeux*.

Le Cit. *Fion*, numéro vingt-deux, a pareillement déclaré n'avoir personne à récuser sur la présente liste et a signé.

Signé *Fion*.

Le Cit. *Vergne*, numéro vingt-trois, a pareillement déclaré n'avoir personne à récuser sur la présente liste et a signé.

Signé *Vergne*.

Le Cit. *Goulart*, numéro vingt quatre, arrivé, a pareillement déclaré n'avoir personne à récuser sur la présente liste et a signé.

Signé *Goulart*.

Le Cit. *Buonarotti*, numéro vingt-cinq, a pareillement déclaré n'avoir personne à récuser sur la présente liste et a signé.

Signé *Buonarotti*.

Le Cit. *Mugnier*, numéro vingt-sept a pareillement déclaré n'avoir personne à récuser sur la présente liste et a signé.

Signé *Mugnier*.

Le Cit. *Drouin* numéro vingt sept, a pareillement déclaré n'avoir aucune récusation à faire
sur la présente liste et a signé.

Signé *Drouin*.

Le Cit. *Crespin*, numéro trente a pareillement
déclaré n'avoir personne à récuser sur la présente
liste et a signé·

Signé *Crespin*.

La comparution de tous les accusés détenus,
terminée, la Haute-cour de justice après avoir
entendu les Accusateurs Nationaux par l'organe
du citoyen VIELLART, l'un d'eux, a ordonné que les huit hauts-jurés, le haut-Juré adjoint
et le haut-Juré suppléant qui venaient d'être
récusés sur le tableau de remplacement formé
dans la séance d'hier, seraient remplacés par
un nouveau tirage.

Et à l'instant, en présence du public et de
Ballyer défenseur officieux de plusieurs des
accusés, la Haute-cour de justice a fait déposer
dans une urne sur autant de bulletins séparés
et après les avoir vérifiés en présence des Accusateurs Nationaux, les noms des trente-trois
haut-Jurés auxquels se trouve réduite au moyen
des tirages faits dans les séances du vingt-neuf
Brumaire dernier et trois Frimaire présent mois,
la liste générale de soixante-quatorze hauts-Jurés
présentée aux Accusateurs Nationaux dans la
séance dudit jour vingt-neuf Brumaire.

L'urne a été agitée à diverses reprises et en différens sens par le citoyen Derouin l'un des huissiers de la Haute-cour, le président a annoncé qu'il allait être procédé au tirage de dix bulletins que les huit premiers donneraient les les noms des huit hauts-Jurés qui remplaceraient ceux récusés dans la présente séance, que le nenvième bulletin donnerait le nom du haut-Juré adjoint qui remplacerait celui récusé dans cette séance et enfin que le dixième bulletin donnerait le nom du haut-Juré suppléant qui remplacerait celui également récusé dans cette séance.

Alors à la vue et en présence de l'auditoire, le citoyen JULIEN, Commis-Greffier a retiré de l'urne et l'un après l'autre huit bulletins pour la désignation des huit haut-Jurés à remplacer et les a successivement remis au Président qui en a fait lecture à haute voix.

Le premier bulletin retiré de l'urne, portait le nom du Cit. *Yves la Buchonnerie*, haut-Juré, élu par le Département de la Manche.

Le second, celui du Cit. *Emmanuel Gabriel Maulde*, haut-Juré, élu par le Département de Seine et Marne.

Le troisième celui du Cit. *Dulau dubarrat* haut-Juré, élu par le Département des Landes.

Le quatrième, celui du Cit. *Biauzat*, haut Juré, élu par le Département du Puy-de-Dôme.

Le cinquième, celui du Cit. *Rivière de Sariac* haut-Juré, élu par le Département des Hautes Pyrennées.

Le sixième, celui du Cit. *Lachaise*, haut Juré, élu par le Département de l'Oise.

Le septième, celui du Cit. *Jean Louis Sauvage*, haut-Juré, élu par le Département de la Mozelle.

Le huitième, celui du Cit. *Henrion*, haut Juré, élu par Département de la Haute Marne.

Le même Commis Greffier a ensuite retiré de l'urne un autre bulletin pour la désignation d'un haut Juré Adjoint et l'a remis au Président qui en a fait lecture à haute voix.

Ce bulletin portait le nom du Cit. *Jean Baptiste Nérac* haut-Juré, élu par le Département de la Charente Inférieure.

Enfin le même Commis a retiré de l'urne un autre bulletin pour la désignation du haut Juré suppléant et l'a remis au Président qui en a fait lecture à haute voix.

Ce bulletin portait le nom du Cit. *Delépouve*, haut-Juré, élu par le Département du Pas-de-Calais.

Les bulletins restés dans l'urne ont ensuite été comptés par le Greffier et trouvés au nombre de vingt-trois, ce qui avec les dix qui viennent d'être retirés fait le nombre total de trente-trois originairement déposés dans l'urne.

Le tirage terminé, la Haute-cour par l'organe de son président, a déclaré que le tableau des huit hauts-Jurés, d'un haut-Juré adjoint, et d'un haut-Juré suppléant appellés par le sort pour remplacer ceux récusés, était composé ainsi qu'il suit.

HAUTS-JURES

Citoyens,	Départemens
Hiver-la Bruchonnerie	*Manche.*
Maulde, Emmanuel-Gabriel	*Seine et Marne.*
Dulau du Barrat	*Landes.*
Biauzat	*Puy de Dôme.*
Riviere de Sariac	*Pyrennées, hautes*
Lachaise	*Oise.*
Sauvage, Jean-Louis	*Moselle.*
Heurion	*Marne, Haute.*

HAUTS-JURES ADJOINTS

Nerac, Jean-Baptiste	*Charente inférieure*

HAUTS-JURES SUPPLEANS.

Delépouve	*Pas de Calais.*

La Haute-cour a continué sa séance à demain
et les

et les Juges ont signé avec le Greffier.

Signé GANDON *Président*, AUDIER, MASSILLON, PAJON, MOREAU COF-FINHAL *Juges* et J. B. JALBERT, *Greffier*.

Et ce jour cinq frimaire de l'an cinquième de la République française une et indivisible, dix heures du matin, la Haute-cour de Justice procédant en exécution du renvoi du jour d'hier à la réception des récusations à donner par les accusés dans l'ordre que le sort leur a désigné, après avoir entendu les Accusateurs Nationaux, a fait successivement appeler les détenus ainsi qu'il suit :

Le Citoyen *Toulotte*, numéro deux, arrivé, le tableau de remplacement formé dans la séance d'hier lui ayant été présenté, il a déclaré que persistant dans ses protestations contre la compétence de la Haute-cour, il n'avait pas de récusation à faire et a refusé de signer.

Babeuf, numéro trois, mandé, a fait remettre un écrit par lequel il déclare qu'il persiste dans son refus de reconnaître la compétence de la Haute-cour, qu'il ne veut prendre aucune part aux récusations; la Haute-cour a ordonné que cet écrit serait annexée au présent : (*)

(*) Vendôme, 15 frimaire ; l'an 5.

G. BABEUF aux Juges de la Haute-cour.

Vos envoyés me trouvent au lit Citoyens, et je ne me

D

Le Cit. *Taffoureau*, numéro quatre, arrivé,
etle tableau de remplacement formé dans la séance

---

trouve pas en assez bonne disposition pour me lever, et
les suivre et vous aller rendre visite ce matin.

Je ne veux cependant pas retarder vos opérations, et je
supplée, par écrit, à la déclaration que vous me demandez
de vive voix.

Un moment j'ai été tenté de reconnaître votre Tribunal,
quoique je n'aie pas cessé de l'estimer incompétent, illégal,
inconstitutionnel, organisé monstrueusement et en violation
de tous les principes qui garantissent la liberté publique et
individuelle.

Mais j'avais été assez candide pour me persuader un moment que ce Tribunal était disposé à réparer, autant qu'il
serait en lui, les vices de son institution, en se montrant
pleinement juste envers les amis du peuple, dans la conduite
du jugement dont il a voulu absolument se charger contre
eux.

Reconnaissant aujourd'hui que ce Tribunal n'a nul égard
à aucune réclamation légitime.

Qu'il franchit, sans pudeur, tous les sauve-gardes que
les Lois donnent à tous les Accusés.

Qu'il a sanctionné toutes les transgressions commises par
un Jury d'accusation vendu comme lui aux oppresseurs du
peuple.

Qu'il procède dans un coin obscur, en présence d'une
poignée de spectateurs, tandis que ses opérations dans une

d'hier, lui ayant été présenté, il a déclaré
qu'il récusait le citoyen HENRION, haut-Juré

affaire de l'importance de celle-ci devraient être couverts
des regards de la France entière.

Que feignant en dernier lieu d'examiner le mérite d'une
de nos réclamations, il en prit occasion de donner une
scène en spectacle, un acte ridicule de comédie, il présenta
par son prétendu Accusateur National, une pantalonnade
nourrie de mauvais sarcasmes et de plates ironies pour
amuser un auditoire composé par ses soins d'ennemis du
peuple.

Qu'enfin, il souffre, il n'empêche pas, que chaque jour
on se complaise à inventer et à exercer contre nous dans
nos cachots de nouveaux raffinemens de torture.

En attendant la justice de l'impartiale postérité.

En attendant celle d'un peuple fatigué d'oppressions et de
calamités, d'un peuple qui nous contemple et qui sait déjà
que c'est ici le procès de la République que l'on consomme,
la contre-révolution que l'on achève, d'un peuple qui nous
connaît et qui connaît nos persécuteurs; qui nous apprécie
et qui les apprécie; d'un peuple qui fut éminemment grand
et ne peut plus tarder à l'être encore.

En attendant aussi que l'occasion se présente de développer
de plus amples vérités qu'il entendra, qu'il goûtera, malgré
tous les efforts et les basses manœuvres de ses vils ennemis.

Persistant dans les diverses protestations que j'ai faites.

Je déclare refuser encore aujourd'hui de participer aux
récusations que l'on me propose.

Je déclare ensuite que je n'ai paru les jours précéden

nommé par le Département de la Haute-Marne, et a signé.

Signé Taffoureau,

Le Cit. *Germain*, numéro cinq arrivé, le tableau de remplacement formé hier lui ayant été présenté, il a déclaré que persistant dans son refus de reconnaître la Haute-cour, il n'avait pas de récusation à faire et a refusé de signer.

Jeanne *Ansiot* femme Breton, numéro six, arrivée, le tableau formé dans la séance d'hier lui ayant été présenté, elle a déclaré qu'elle récusait le citoyen SAUVAGE, haut-Juré élu par le Département de la Mozelle et a signé.

Signé F. *Breton*.

Le Cit. *Moroy*, numéro huit, arrivé, il a déclaré que persistant dans son déclinatoire

---

devant le prétendu Tribunal, que parceque j'y ai été traîné; que je m'en serais consolé s'il ne m'avait pas été interdit d'en prendre occasion d'exprimer quelques vérités utiles devant la petite partie des spectateurs purs et vertueux qui pouvaient se trouver alors présents; . . . . que je m'en console encore quand je suis convaincu qu'au moins c'est la dernière fois qu'on pourra me lier la langue dans les comparutions auxquelles encore je pourrai être forcé de déférer dans ce procès.

Signé G. BABEUF,

contre la compétence de la Haute-Cour, il ne voulait pas récuser et a refusé de signer.

Marie-Adélaide Lambert, numéro dix, arrivée, elle a déclaré que persistant dans son refus de reconnaitre la compétence de la Haute-cour, elle ne voulait pas récuser et a refusé de signer.

La citoyenne *Adbin*, femme *Monnard*, numéro douze, arrivée, la liste de remplacement faite hier, lui ayant été présentée, elle a déclaré qu'elle n'avait pas de récusations à faire sur la présente liste et a dit ne savoir signer.

Marie-Sophie Lapierre, numéro treize, arrivée, le tableau de remplacement formé dans la séance d'hier, lui ayant été présenté, elle a déclaré que persistant dans son refus de r- connaitre la Haute-cour, elle ne voulait pas récuser et a refusé de signer.

Le Cit. *Cochet*, numéro quatorze, arrivé, le tableau de remplacement formé hier, lui ayant été présenté, il a déclaré que persistant dans son refus de reconnaitre la compétence de la Haute-cour, il ne voulait pas récuser et a refusé de signer.

Le Cit. *Blondeau*, numero dix-sept, arrivé, le tableau formé hier lui ayant été présenté, il a déclaré que persistant dans son refus de r- connaître la compétence de la Haute-cour, il n'avait pas de déclaration à faire et a refusé de signer.

Le Cit. *Nayez*, numéro vingt-six, arrivé, le tableau formé hier, lui ayant été présenté, il a déclaré qu'il n'avait personne à récuser sur la présente liste, et a signé.

Signé G. Nayez.

Le Cit. *Lamberté*, numéro vingt-huit, arrivé, le tableau formé dans la séance d'hier lui ayant été présenté, il a déclaré qu'il récusait le citoyen MAULDE, haut-Juré, élu par le Département de Seine et Marne et a signé.

Signé Lamberté.

Et attendu que le nombre de trente récusations sans motifs que la Loi autorise les accusés à exercer, se trouve actuellement rempli, la Haute-cour, ouï les Accusateurs Nationaux, ordonne qu'il sera, sur-le-champ, procédé au remplacement des trois hauts-Jurés récusés dans la présente séance sur le tableau de remplacement formé dans la séance d'hier.

Et à l'instant, en présence du public et de Ballyer, défenseur officieux de plusieurs des accusés, la Haute-cour de Justice a fait déposer dans une urne sur autant de bulletins séparés et après les avoir vérifiés en présence des Accusateurs Nationaux, les noms des vingt-trois hauts Jurés auxquels se trouve reduite au moyen des tirages faits dans les séances du vingt-neuf Brumaire dernier et 3 et 4 Frimaire présent mois la liste générale de soixante-quatorze hauts-Jurés présentée aux Accusateurs Nationaux dans la séance dudit jour vingt-neuf Brumaire.

L'urne a été agitée à diverses reprises et en différens sens par le citoyen Derouin l'un des huissiers de la Haute-Cour, le président a annoncé qu'il allait être procédé au tirage de trois bulletins lesquels donneraient les noms des trois hauts-Jurés qui remplaceraient pareil nombre de Hauts-Jurés récusés par les accusés dans cette séance sur le tableau de remplacement formé dans la séance d'hier.

Alors à la vue et en présence de l'auditoire, le citoyen JULIEN, Commis-greffier a retiré de l'urne et l'un après l'autre, trois bulletins et les a successivement remis au Président qui en a fait lecture à haute voix.

Le premier bulletin retiré de l'urne portait le nom du cit. *Pierre-Marie Pajot*, haut-Juré élu par le Département du Mont-terrible.

Le second celui du cit. *Joseph Baudin*, haut Juré élu par le Département du Var.

Et le troisième, celui du cit. *Joseph Capus* haut-Juré élu par le Département des Bouches-du-Rhône.

Les bulletins restés dans l'urne ont ensuite été comptés par le Greffier et trouvés au nombre de vingt, qui avec les trois qui viennent d'être retirés; forme le nombre total de vingt-trois, originairement déposés dans l'urne.

La Haute-Cour de Justice par l'organe de son Président, a déclaré que le tableau des seize hauts-Jurés, des quatre hauts-Jurés adjoints et des quatre hauts-Jurés suppléans, formé en conséquence des trentes récusations sans motifs exercées par les accusés, était composé ainsi qu'il suit :

SEIZE

HAUTS-JURÉS.

1. Rey Pailhade . . *Hérault.*
2. Queyroulet aîné . *Haute Vienne.*
3. Marien Leclerc . *Creuse.*
4. Caquet . . . . *Eure et Loir.*
5. Duffau, Jean . . *Gers.*
6. Curial . . . . *Montblanc.*
7. Lecomte du Authieux *Orne.*
8. Leprévost. . . . *Eure.*
9. Hiver-la-Bruchonnerie *Manche.*
10. Dulau-du-Barrat . *Landes.*
11. Bianzat . . . . *Puy de Dôme.*
12. Riviere de Sariac . *Hautes Pyrennées.*
13. Lachaise . . . *Oise.*
14. Pajot, Pierre-Marie . *Mont terrible.*
15. Baudin, Joseph . *Var.*
16. Capus, Joseph . . *Bouches-du-Rhône.*

QUATRE

QUATRE HAUTS-JURES ADJOINTS.

1. Verneuil . . . *Dordogne.*
2. Pierre Benoist. . . *Côte d'or.*
3. Dubois Michel Casimir *Sarthe.*
4. Nerac, Jean-Baptiste *Charente inférieure*

QUATRE HAUTS-JURES SUPPLEANS.

1. Boreldat père . . *Aude.*
2. Moynier (d'Ille) . *Pyrennées orientales*
3. Bourg Laprade . . *Lot et Garonne.*
4. Delépouve . . . *Pas de Calais.*

La Haute-Cour ordonne que le Tableau ci-dessus sera imprimé et notifié aux Accusés détenus, et les Juges ont signé avec le Greffier.

Signé GANDON, PAJON, MOREAU, COFFINHAL, AUDIER - MASSILLON, *Juges*, et J. B. JALBERT, *Greffier.*

AU NOM DU PEUPLE FRANÇAIS,

Le treize Frimaire de l'an cinquième de la République française une et indivisible, à dix heures du matin, la Haute-cour de justice réunie en séance publique, a rendu le jugement suivant.

Ouïs les ACCUSATEURS NATIONAUX,
la HAUTE·COUR leur décerne acte aux
de leur déclaration de n'avoir aucune récusation
à proposer contre les hauts-Jurés compris au
tableau arrêté dans la séance du cinq de ce
mois, pour prononcer sur l'accusation admise
contre *Jean-Baptiste Drouet*, membre du
corps législatif, *Gracchus Babeuf* et autres,
et attendu que cinq jours se sont écoulés
depuis la notification de ce tableau aux accusés
détenus, sans que de leur part il ait été proposé
aucun motif de récusation. Ordonne que ledit
tableau du haut-Jury demeure définitivement
arrêté ; ordonne, de plus, que le haut-Jury
sera convoqué, sans délai, et en conséquence
que les citoyens :

HAUTS-JURÉS.

Rey-Pailhade, élu haut-Juré par le Département de l'Hérault.

Queyroulet aîné, élu haut-Juré, par le Dépar-
tment de la Haute-Vienne.

Marien Leclerc, élu haut-Juré par le Département de la Creuse.

Caquet, élu haut-Juré par le Département
d'Eure et Loir

Jean Duffau, élu haut-Juré par le Dépar-
ment du Gers.

Curial, élu haut-Juré par le Département du Mont Blanc.

Michel Lecomte duauthieux ; élu haut-juré par le Département de l'Orne.

Leprévost, élu haut-Juré par le département de l'Eure.

Hyver de la Bruchonnerie, élu haut-Juré par le Département de la Manche.

Dulau du barrat, élu haut-Juré par le Département des Landes.

Biauzat, élu haut-Juré par le Département du Puy-de-Dôme.

Rivière de Sariac, élu haut-Juré par le Département des Hautes-Pyrennées.

Lachaise, élu haut-Juré par le Département de l'Oise.

Pierre-Marie Pajot, élu haut-Juré par le Département du Mont-Terrible.

Joseph Baudin, élu haut-Juré par le Département du Var.

Joseph Capus, élu haut-Juré par le Département des Bouches-du-Rhône.

HAUTS-JURES ADJOINTS

Verneuil, élu haut-Juré par le Département de la Dordogne.

Pierre Benoist, élu haut-Juré par le Département de la Côte-d'or.

Michel Cazimir Dubois, élu haut-Juré par le Département de la Sarthe.

Jean-Baptiste Nérac, élu haut-Juré par le Département de la Charente-Inférieure.

HAUTS-JURES SUPPLEANS.

Boreldat, *pere*, élu haut-juré par le Département del'Aude.

Moynier d'Isle, élu haut-juré par le Département des Pyrennées Orientales.

Bourg la-Prade, élu haut-juré par le Département de Lot et Garonne.

Delépouve, élu haut-juré par le Département du Pas-de-Calais.

Seront conformément aux articles seize et dix-sept de la loi du vingt Thermidor, an quatrième Mandés et assignés pour se trouver en la Commune de Vendôme dans le délai fixé par ledit article seize.

Ordonne en outre que les témoins seront assignés pour comparaître devant le haut-jury au Palais National de la Haute-cour de justice en ladite Commune de Vendôme, le premier Pluviôse à neuf heures du matin, et que le présent jugement sera notifié aux accusés détenus.

FAIT et prononcé au Palais national de la Haute-Cour de justice, dans sa séance publique du 15 frimaire de l'an Veme. de la République française, une et indivisible, où étaient présens les cit. *Yves-Nicolas-Marie* GANDON, *Présid.* *Charles* PAJON, *Joseph* COFFINHAL, *Étienne Vincent* MOREAU *et* BRUNO-PHILIBERT AUDIER MASSILLON, tous Juges composans la Haute-Cour de justice, qui ont signé sur la minute avec le citoyen *Jean-Baptiste* JALBERT *Greffier.*

AU NOM DU PEUPLE FRANCAIS, il est ordonné à tout huisser ou sergent, sur ce requis de mettre le présent jugement à exécution; aux Commissaires du Directoire-exécutif, près les tribunaux, d'y tenir la main; et aux Commandans de la force publique, de prêter main-forte, lorsqu'ils en seront legalement requis.

En foi de quoi le présent Jugement a été signé et scellé conformément à la Loi.

signé à l'expédition, *Jean-Baptiste* JALBERT, *Greffier* et dûement scellé.

A Vendôme, de l'Imp. de la Haute-Cour, chez MORARD COLAS; Rue-Ferme, No. 1057.

Dépôt légal : 3ème trimestre 1973

www.ingramcontent.com/pod-product-compliance
Ingram Content Group UK Ltd.
Pitfield, Milton Keynes, MK11 3LW, UK
UKHW022143070726
13613UKWH00003B/1409